© Ulrike Ising

1. Auflage (2005) Eigenverlag, Druck: gutenberg beuys
2. Auflage (2018)
Autor: Ulrike Ising
Technische Umsetzung: Dirk Eickstädt
Verlag: tao.de in Kamphausen Media GmbH, Bielefeld,
www.tao.de, eMail: info@tao.de
Herstellung: tredition GmbH, Halenreie 40-44, 22359 Hamburg
Bibliografische Information der Deutschen Nationalbibliothek:
Die Deutsche Nationalbibliothek verzeichnet diese Publikation
in der Deutschen Nationalbibliografie; detaillierte bibliografische
Daten sind im Internet über http://dnb.d-nb.de abrufbar.

ISBN Paperback: 978-3-96240-482-6
ISBN Hardcover: 978-3-96240-483-3
ISBN e-Book:     978-3-96240-484-0

Idee & Text
# Ulrike Ising / Uriel

Illustration
# Annegret Tödtmann

Satz & Layout
Jens Schmidt

# Gewidmet

meinen Eltern in tiefer Liebe und Dankbarkeit.

Und dem Kind in mir, das heute weiß, dass es vertrauen kann.

# Jonni

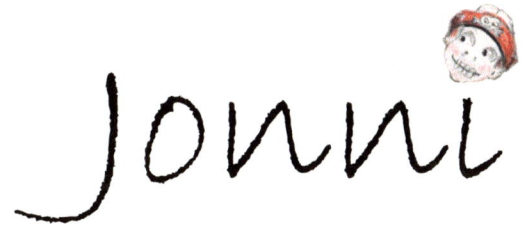

Mein Freund der kleine Tod

Hallo, ich bin Jonni, der kleine Tod aus der 13. Dynastie des großen Todes. Richtig heiße ich Johannes, aber das finde ich so altmodisch. Ich sitze hier in meinem Zimmer, du siehst schon, das ist genauso eine Rumpelkammer wie bei dir. Am liebsten sind mir meine Bücher. Ich kann Jahrhunderte damit verbringen, sie zu lesen.

Da staunst du, wenn ich von Jahrhunderten spreche, was? Aber mit der Zeit ist es auf unserem Planeten etwas anders als bei euch. Bei uns weiß man, dass die Zeit unendlich ist. Aber auch, dass alles seine Zeit braucht und alles seine Zeit hat.

Ich darf nicht versäumen, dir meine besten Freunde und Helfer Lisa, Robert und Schlingel vorzustellen. Loki, der Adler ist mein Nachrichtenüberbringer. Er hat eine schöne, stolze Unabhängigkeit, die ich sehr bewundere.

Lisa ist die kleine Fischdame. Sie habe ich von dem großen Planeten der Erinnerung von „Allem und Nichts" mitgebracht.

Robert guckt ein bisschen aus meiner Tasche. Er ist ein Skorpion und versteckt sich gerne im Dunklen. Na ja, und natürlich Schlingel, diese kleine süße Schlange an meinem Arm. Jeder, der im Dienst des Todes steht, hat so ein lebendes Armband.

Schlingel küsst so gerne, da muss man immer aufpassen. Aber wenn wir im Dienst sind, sind die Küsse von Schlingel ein Segen. Robert kommt nur selten aus meiner Tasche. Dann nämlich, wenn die Menschen, die ich besuche, zu lange traurig sind und sich gar nicht verändern wollen. Dann sticht er sie ein bisschen, aber er ist nicht wirklich böse.

So, und Loki, der Adler, kommt aus dem Land der Freiheit. Er ist meistens unterwegs mit den Gedanken der Menschen, wenn sie diese noch nicht selbst fliegen lassen können. Er ist sozusagen im Dauerdienst. Außerdem bringt er mir die Nachrichten, wann und wo ich gebraucht werde.

Nun nochmal zu mir selbst: Normalerweise bin ich ja für deine Augen nicht zu sehen. Aber da ich dir von mir und meinen Aufgaben, die ich in deiner Welt habe, erzählen möchte, habe ich mich für dich sichtbar gemacht.
Mein Anzug ist schon etwas zu klein und, zugegeben, auch sehr altmodisch.
Die Menschen nennen so etwas einen Frack, aber die Hose hat herrlich tiefe Taschen.

Da passt Lisa mit ihrem ganzen Glas hinein und überhaupt so allerlei Dinge, die man halt braucht, das kennst du ja.

Und wenn ich mit Raser unterwegs bin, Raser ist mein Moped, also wenn ich mit ihm unterwegs bin, dann stellen sich die Zipfel meines Fracks nach hinten, und wir werden doppelt so schnell. Das ist manchmal wichtig, weil ich zum Trödeln neige. Na ja und meine Mama , also Mutter Tod, sagt immer, dass es sehr unschicklich ist, zu spät zu kommen, weil ja alles seine Zeit hat.

Und wie findest du mein Stirnband ? Das ist von meinem Großpapa selbstgestrickt. Meine Mama sagt immer, dass ich unwiderstehlich süß damit aussehe, so verwegen sagt sie. Dann werde ich immer rot, so wie jetzt. Aber es freut mich trotzdem, auch wenn ich glaube, dass sie nur will, dass meine Ohren warm bleiben. Die sind nämlich sehr empfindlich.
Der Diamantstern auf meiner Brust ist mein Talisman.
Mein Papa, also Vater Tod, hat ihn mir geschenkt.
Auf meinen Papa bin ich mächtig stolz. Der ist in der Ehrengarde des großen Todes, da darf man große Verantwortung tragen. Und im Gegensatz zu vielen Menschen, die in deiner Welt Verantwortung haben, können die das auch, ich meine: die Verantwortung tragen.

Der große Tod und seine Helfer begleiten das Werden und Vergehen aller Sterne, Welten und Zeitalter. Vielleicht darf ich später an diesen großen Aufgaben mitarbeiten, aber dafür muss ich noch viele Jahrhunderte leben und lernen.
Auf jeden Fall hat mein Vater diesen Diamantstern von einer Frau aus der Menschenwelt geschenkt bekommen. Diese hatte den Mut, uns in unserer Welt zu besuchen. Sie wusste, dass man das kann – ich meine, die unterschiedlichen Planeten und Welten bereisen.

Diese Frau hatte sogar eine Audienz beim großen Tod, der ihr wichtige Antworten für ihr Leben gab. Und der, wie mein Papa mir erzählt hat, sehr liebevoll zu ihr war. Das ist schon etwas ungewöhnlich, weil der große Tod doch als sehr streng bekannt ist. Aber er war wohl berührt von dem großen Mut dieser Frau. Ihr zu Ehren wurde sogar das große Fest der Wandlung gefeiert. Da wird acht Tage lang getanzt und gezecht, bis die Schädel wackeln. Zum Abschied schenkte die Frau meinem Papa diesen Stern. Niemand weiß, woher sie ihn hatte. Aber er ist außerordentlich kostbar, denn er ist aus dem Atem des großen Geistes gebildet und ein Schlüssel für die

Tore der oberen Welten. Der große Geist ist der Ursprung von uns allen, und die oberen Welten sind das Zuhause der Engel, aber davon erzähle ich dir später noch mehr.

Du kannst dir also hoffentlich vorstellen, wie dankbar und stolz es mich machte, als mein Vater diesen Stern an mich weitergab.

Denn nun wusste ich, dass ich die große Prüfung bestanden hatte.

„Was für eine Prüfung?" magst du dich jetzt fragen. Also, es ist nämlich so, dass ich noch nicht so lange in der Menschenwelt helfen darf. Ich habe vorher Jahrhunderte in den großen Bergwerken des Erkennens gearbeitet. Das war eine schwere Zeit für mich. Du musst dir vorstellen, dass ich dort ganz alleine viele Stunden des Tages große Bleispiegel blankputzen musste.

Und nicht nur, dass das eine sehr anstrengende Arbeit ist, es ist auch sehr gefährlich. In diesen Spiegeln spiegelt man sich nicht nur selbst, sondern sie spiegeln auch die Bilder von Allem und Nichts.

und wenn man sich in diesen Bildern verläuft, kommt man nie wieder aus dem Bergwerk hinaus. Man hat sich sozusagen in Allem und Nichts verloren.

Ich hatte häufig große Angst. Wenn meine Einsamkeit zu groß wurde, habe ich auch schon mal geweint.

Aber in den Momenten, als ich schon dachte, dass es nicht mehr weitergeht, hörte ich die Stimme meiner Großmutter, von der ich meine schönen roten Schuhe habe. Bevor sie starb und in eine andere Welt ging, schenkte sie mir diese mit den Worten: „ Kleiner Tod, hab Mut und Liebe für dein Leben, denn im Tod steckt „Neues Leben" vom Scheitel bis zur Sohle! Damit du das nie vergisst, schenke ich dir diese roten Schuhe in der Hoffnung, dass du immer voller Kraft voranschreitest, dich erkennst und von deinem wahren Wesen erzählst." Das hat mich dann immer sehr getröstet und ich habe voller Liebe weitergearbeitet und alles das noch blanker geputzt, was mir an meinem Spiegelbild nicht gefallen hat. Das ist nämlich die große Aufgabe und Prüfung gleichzeitig, das eigene Wesen zu erkennen und nach den Gesetzen des Großen Geistes zu formen.

Die Gesetze des Großen Geistes zu erkennen und zu lieben, bedeutet frei zu werden. Irgendwann als ich entdeckte, dass ich die Liebe , die ich immer mehr empfand, teilen wollte, hörte das Gefühl der Einsamkeit auf.

Nun war meine Zeit im Bergwerk der Erkenntnis beendet.

Als Belohnung und zur Hilfe für meine neuen Aufgaben in der Menschenwelt schenkte mir mein Vater, wie gesagt, diesen Diamantenstern.

Es ist eine Ehrensache für mich, diesen Schlüssel gut zu gebrauchen. Die Menschen, die ich besuche, sind meistens in großer Traurigkeit, weil sie Abschied nehmen müssen, etwas Geliebtes verlieren und sich verändern sollen. Das tut häufig sehr weh. All das Bunte und Schöne, das die Welt zu bieten hat, können sie in dieser Zeit einfach nicht sehen. Mit dem Schlüssel öffne ich dann die Tore der oberen Welten.

Einen Blick hineinzuwerfen, genügt den Traurigen, um wieder Hoffnung und Mut für das Leben zu bekommen. Manchmal passiert es, dass derjenige nichts mehr sehen will und sich ganz in Traurigkeit eingewickelt hat. Dann kommt Robert, der kleine Skorpion aus meiner Tasche und zwickt und sticht solange, bis er die Augen aufmacht. Tja, da sollte man doch lieber gleich gucken, oder ?

Oh, wo wir gerade bei anderen Welten sind. Da möchte ich gleich noch von meinem Großpapa erzählen, der mir mein schönes Stirnband gemacht hat.
Großpapa Tod war nämlich ein toller Stricker. Das Stricken hat er bei den Nornen gelernt, bei denen er aufgewachsen ist.

13

Die Nornen haben Körbe voll mit Resten von Fäden und Knäueln, die nicht mehr gebraucht werden. Und da Großpapa häufig Langeweile bei den Nornen hatte, brachte er sich das Stricken bei. Auf unserem Dachboden sind Truhen voll mit Strickkünsten von Großpapa, die reichen noch für Generationen von uns.

Aber nun zu den Nornen:
Kennst du die? In deiner Welt sagt man auch Schicksalsgöttinnen zu ihnen. Sie und die Familie des Todes arbeiten eng zusammen. Stell dir vor, die spinnen die Lebensfäden der Menschen und anderer Wesen. Aber bleiben wir bei den Menschen. Jeder von euch hat so einen Faden. Es gibt dicke und dünne Fäden, blaue, grüne, rote oder auch gemusterte. Dieser Faden ist mit deinem Körper verbunden. Die meisten von euch können das nicht sehen, aber du

14

kannst mir glauben, er ist da. Es ist auch kein Zufall, was für einen Faden du hast, ob er dick oder dünn ist, und was für eine Farbe er hat.

Und je nachdem wie dein Faden ist, spinnen die Nornen damit das Muster deines Lebens. Das hört sich ganz schön kompliziert an, was? Aber im Grunde ist es ganz einfach. Und das Tolle ist, dass du selbst bestimmst, wie dein Faden aussieht. Man muss nur wissen, dass man mit einem Strumpffaden keinen Seidenpullover bekommt. Also überlege dir schon früh, was du in deinem Leben möchtest. Fühle und denke so, rede und handle danach und du wirst sehen, dass dein Leben so wird.

Oh, Moment mal!
Gerade kommt Loki reingeflogen, er hat eine
Nachricht für mich.
Oh je, wir müssen sofort los. In einem kleinen
Ort bei Hamburg lebt der elfjährige Markus,
und der ist ganz traurig, weil seine Oma
sehr krank ist und bald sterben wird.

Noch während ich die Nachricht höre, stopfe
ich schon Lisa die Fischdame samt Glas in die
Tasche. Robert kriecht von alleine schnell tiefer
in die andere Tasche hinein. Nur gut, dass Raser,
mein Moped, getankt und blitzblank dasteht.
So hält uns nichts mehr auf.
Zack, und schon sind wir auf dem Weg nach Hamburg.

Zwischendrin machen wir einen kleinen Stopp auf Lisas Planeten. Ich brauche nämlich die Erinnerungen des kleinen Markus, damit ich ihm besser helfen kann. Diese sind in zart glänzenden Perlen auf diesem Planeten gesammelt. Nicht nur von Markus, sondern von allen Lebewesen, die in unserem Universum leben. Ein Universum ist das was du siehst, wenn du abends bei Dunkelheit

in den Himmel schaust. Der schöne Mond, die vielen leuchtenden Sterne und noch ein bisschen mehr...

Die Perlen schwimmen in einem riesengroßen Meer gemeinsam mit den Artgenossen von Lisa. Auch hier gibt es wieder große und kleine, helle und dunkle. Je nachdem, wie die Gefühle der Erinnerung sind, haben sich die Perlen gebildet und verändern sich auch ständig. Viele Perlen kleben aneinander. Das liegt daran, dass viele Menschen oder andere Wesen gleiche Erinnerungen haben. Aber trotzdem hat jedes Wesen seine eigenen Perlen. Ich bin gerne hier am Meer, das meistens ganz ruhig ist, aber manchmal auch sehr wild und bewegt sein kann. Das liebe ich besonders !

Stell dir vor, wie schön das aussieht, wenn eine Welle voll mit glänzenden Perlen hochspritzt. Das schimmert und schillert dann in allen Farben; davon wird man ganz verzaubert.

Nur noch der Anblick von den Riesendiamanten in der Welt der Klarheit soll schöner sein, sagt Jasmin, mein heimlicher Schwarm. Dort soll man eine wirkliche Ahnung davon bekommen, wie schön und hell der große Geist ist.

Den großen Geist kennst du auch, bei euch nennt man ihn den lieben Gott oder bei deinen muslimischen Freunden heißt er Allah. Es gibt viele Namen für dieses „Alles", wo wir herkommen, sind und auch wieder hingehen werden.

Jasmin ist ein Engel, daher weiß sie das. Denn Engel können überall sein. Und weil sie selbst aus Licht sind, verbrennen Sie nicht bei dem Anblick des großen Geistes. Jasmin und viele andere Engel arbeiten hier. Sie sortieren und nummerieren die Perlen, damit man immer weiß, welche Perle wohin gehört. Diese Arbeit können nur Engel machen, denn sie sind aus Licht. So brauchen sie keine eigenen Erinnerungen mehr. Deshalb kommen sie auch nie durcheinander mit den vielen verschiedenen Perlen. Sie sind gleichzeitig mit Allem verbunden und wissen genau, wo was hingehört.

Oh, Jasmin ist sowieso bezaubernd.
Immer wenn ich sie sehe, kann ich kaum noch richtig sprechen. Wenn sie mich anlächelt, glaub mir – so ein Lächeln hast du noch nie gesehen. Jedesmal werden meine Knie ganz weich.
Mama neckt mich immer und sagt, ich sei verliebt. Vielleicht stimmt das ja, aber im Grunde erinnert sie mich durch ihr Sein nur daran, was ich noch lernen möchte, und das gefällt mir.

Aber nun zu Lisa und ihrer Aufgabe.
Nachdem ein Engel ihr gesagt hat, wo die Perlen von Markus liegen, springt die Fischdame aus dem Glas ins Perlenmeer. Sie schwimmt dahin, schluckt sie und schwupp! ist sie auch schon wieder im Glas, zurück in meiner Tasche.
Ich genieße die kurze Zeit mit Jasmin.
Und auch Schlingel, die Schlange freut sich immer über diesen Zwischenstopp.
Du musst wissen, dass Engel gern und viel singen. Neben dem Küssen ist das auch die Lieblingsbeschäftigung von Schlingel. Und so übt sie ihre Stimme so leidenschaftlich, dass Robert sich die Ohren zuhält und noch etwas tiefer in die Tasche kriecht.
So, wenn wir alles Wichtige zusammenhaben, gibt es ein letztes Lächeln von Jasmin und Ruck-Zuck geht es weiter.

Oh, ich liebe es, durch das Universum zu britzen, und zur Erde flieg ich besonders gern. Ihr Anblick ist einfach wunderschön. Im meinem Zimmer hab ich ein Teleskop, also einen Sternengucker. Da kann ich stundenlang durchschauen und die anderen Planeten beobachten. Besonders gerne blick´ ich auf die Erde, aber so im freien Flug direkt drauf zu ist es doppelt schön.

Während unserer Anreise sehe ich in den Perlen der Erinnerung die letzten Jahre von Markus. Ich kenne ihn schon, vor einigen Jahren habe ich ihn schon einmal besucht. Damals war es auch eine schwere Zeit für ihn. Er war gerade in die Schule gekommen, als seine Eltern sich trennten. Der Vater zog aus dem Haus in eine kleine Wohnung direkt in der Stadt. Und seine Mutter fing an, halbtags zu arbeiten, in einer Gärtnerei im Ort. Markus konnte die vielen Veränderungen in seinem Leben kaum begreifen. Er fühlte sich sehr einsam und verlassen in dieser Zeit.

Auch in der Schule fühlte er sich nicht wohl. Das Lernen fiel ihm zwar leicht, aber seine Mitschüler machten einen Bogen um ihn, weil er immer so ernst und traurig war. Das kümmerte Markus wenig, er fand die anderen einfach nur albern und blöd.

Ich saß häufig nachts an seinem Bett und schenkte ihm mit den Perlen der Erinnerung schöne Träume, um sein Herz wieder zu öffnen. Robert hat ihn viel mit seinem Stachel gepiekt, weil er überhaupt nicht das Schöne an der neuen Zeit sehen wollte. Er gab seinen Eltern die Schuld an allem und war tief in seinem Herzen böse auf sie.

Aber irgendwann kam die Veränderung.

Ich wusste, dass meine Arbeit getan war, als Schlingel ihn küsste.

Er vergaß seinen Kummer und sah mit einem Mal, dass seine Mutter nicht mehr so still und traurig war wie früher. Und er freute sich mit ihr, wenn sie einen schönen Tag hatte und lustige Geschichten aus der Gärtnerei erzählte. Außerdem begann es ihm Spaß zu machen, mit seinem Vater Ausflüge in der Stadt zu erleben und immer neue Dinge mit ihm zu erkunden.

Auch in der Schule wurde es schöner, denn er hatte einen guten Freund gefunden: Kalet aus Ägypten.

An einem regnerischen Morgen hatte er Kalet in Schutz genommen. In der Pause lästerten die Mitschüler wieder mal über ihn. Sie beleidigten seine Mutter, die ihn immer von der Schule abholte und ganz anders aussah als die anderen Mütter. Sie war immer schwarz gekleidet und hatte ein Kopftuch um.

Sie sagten zu Kalet, dass er stinke und dass er abhauen solle.

Mirco schubste ihn sogar dabei, sodass Kalets Brille in eine Pfütze flog und fast zerbrach. Die anderen lachten. Markus tat das sehr leid.

Er mochte die stille, bescheidene Art von Kalet sehr gern, und er wurde unheimlich wütend. So half er Kalet auf und stellte sich vor die Gruppe. Ohne zu überlegen, schrie er die Mitschüler an: „ Was bildet ihr euch ein ! "

„Ihr seid schrecklich gemein. Guckt euch doch mal selber an. Susi, du mit deinen faulen Zähnen, ständig knabberst du an Süßigkeiten rum. Sei froh das es die ersten sind. Und du Frank, bist so fett, dass zwei Stühle für dich nicht ausreichen. Und damit ich dich nicht vergesse, Mirco, mit deiner großen Klappe. Ständig lästerst du über alles. Aber sobald ein Erwachsener dazukommt, fängst du an zu stottern und zu schleimen."

Das brach alles aus Markus heraus. Oh je, das war ein harter Tag für alle. Frank fing sogar an zu weinen, und das tat Markus dann auch sehr leid.

Aber ab diesem Zeitpunkt waren Kalet und er dicke Freunde.

Kalets Familie lebte in einem alten Haus am Bahndamm und Markus ging häufig nach der Schule mit zu ihm. In der großen Familie war er immer willkommen. Dort wurde ständig gegessen und geschwatzt. Markus fand das ganz andere Familienleben von Kalet sehr interessant, und er freute sich, dass er mit der Zeit sogar etwas von der fremden Sprache verstehen konnte. Außerdem liebten beide schöne Steine, und sie legten sich eine gemeinsame Sammlung an.

In der Schule wurde nie wieder über den Vorfall gesprochen. Niemand war ihm böse wegen seines Ausbruchs, im Gegenteil, alle hatten wohl mal über sich nachgedacht. Seitdem galt die Meinung von Markus als sehr wichtig.
Auch Kalet kam langsam in die Gemeinschaft der Klasse.  Später wurde er sogar Vertrauensschüler, weil er für alles Verständnis und ein offenes Ohr hatte.

Aber am meisten half Markus in dieser Zeit, dass seine Oma zu ihm und seiner Mutter mit in das Haus einzog. Sie konnte herrliche Pfannekuchen backen, und sie hatte immer gute Laune. Häufig erzählte sie spannende Geschichten aus ihrer Kindheit, die sie zum großen Teil in Afrika verbracht hatte. Außerdem durfte Markus ihr bei der Gartenarbeit helfen. Die Oma liebte Blumen, und sie verwandelte mit der Hilfe von Markus den kleinen Garten in ein blühendes Paradies. Einen kleinen Teil des Gartens durfte er sogar ganz alleine nach seinen Vorstellungen bepflanzen und pflegen. Markus fand es besonders schön, am späten Nachmittag mit der Oma auf der Bank am Teich zu sitzen, den sie selbst angelegt hatten. Dann gab es selbstgemachte Limonade und Plätzchen. Zufrieden guckten sie sich ihre Arbeit an und waren ganz still und glücklich.

Manchmal träumten sie gemeinsam, was sie machen könnten, wenn der Garten größer wäre. Die Oma schwärmte dann immer, wie schön es wäre, wenn jeder Ort einen großen Park hätte mit vielen verschiedenen Bereichen für Pflanzen und Tiere. An den Wegen sollten Kunstwerke stehen, und im Park selbst sollten viele hübsche kleine Geschäfte zum Einkaufen sein.

Sie sprach begeistert davon, wie angenehm das Einkaufen dort wäre. Auch die dort beschäftigten Menschen hätten Spaß an der Arbeit und würden sich wohlfühlen. Schau nur Markus, sagte sie dann zu ihm, die großen hässlichen Geschäfte, die vor jedem Ort wie Pilze aus dem Boden wachsen, wo man viel kriegt, was man sowieso nicht braucht, das könnte doch ganz anders sein, oder was meinst du? Und gemeinsam planten sie in Gedanken wunderschöne Einkaufs-Parks.

Das machte Markus immer sehr viel Spaß.

Tja und jetzt war ich auf dem Weg zu ihm, weil diese tolle Oma im Sterben lag. Ich wusste, meine Aufgabe war nicht einfach, und ich überlegte auf meiner weiteren Reise, wie ich ihm am besten helfen könnte.

Kaum am Stadtrand von Hamburg angekommen, sehe ich auch schon das hübsche Reihenhaus der Familie Becker. So heißt Markus mit Familiennamen. Hier in Hamburg ist es Frühling, überall grünt und blüht es in den Vorgärten. Die Blumen strecken mir ihre Köpfchen entgegen und begrüßen mich. Sie und überhaupt alle Pflanzen und Tiere können mich sehen. Sie sind stark verbunden mit dem Wissen des ewigen Kommens und Gehens und haben deshalb auch keine Angst vor mir. Die Luft ist erfüllt von ihrem Duft, und meine Ohren können ihren Gesang hören, er ist melodisch und ganz zart. Als meine Freunde und ich ihnen sagen, dass sie wunderschön klingen, erzählen sie uns, dass sie zur Freude und aus Dankbarkeit für Omi Becker singen. Die läge im Bett und ihr Körper sei ganz schwach und krank und müsste bald sterben. Aber ihrer Seele ginge es trotzdem sehr gut, und diese könne in den Garten kommen und ihrem Gesang lauschen.

Weißt du, was eine Seele ist? Eine Seele hat jeder von uns, es ist der Teil von einem, der mit dem Großen Geist verbunden ist und ewig lebt. Und da die Seele von Omi Becker sich schon darauf vorbereitet hat, weiterzureisen in andere Welten, wo sie ihren Köper nicht mehr braucht, lockert sich schon der Faden, der die Seele mit dem Körper verbindet. Deshalb kann sie auch draußen im Garten sitzen und sich über den Anblick und Gesang der Blumen freuen, während ihr Körper krank und schwach im Bett liegt.

Ich habe dir doch schon von den Nornen und den Fäden erzählt, und genau um diesen Faden geht es wieder. Die Blumen erzählen uns, dass Markus und seine Mutter so traurig sind und die Oma nicht gehen lassen wollen. Deshalb schlüpft die Seele immer wieder in den Körper, um ihnen noch etwas Zeit zum Verabschieden zu schenken.

Das verstehe ich gut. Aber so weh es auch tut, etwas Vertrautes und Geliebtes loszulassen – der Zeitpunkt kommt, und nichts kann die Seele dann mehr aufhalten. Der Faden reißt, und sie fliegt davon. Wenn die Seele unerfahren ist, begleiten sie Engel, aber man darf auch alleine reisen. Der Körper bleibt zurück so wie der Kokon der Raupen, wenn sie als Schmetterling davonfliegen. So kannst du dir das in etwa vorstellen, oder?

Aber nun zu Markus. Seinetwegen haben wir uns ja auf den Weg gemacht. Robert ist schon ganz ungeduldig und putzt seinen Stachel auf meiner Schulter. Das zwackt immer so. Manchmal glaube ich, dass er das absichtlich macht. Aber wenn ich ihm das sage, guckt er so unschuldig wie ein Engel und meint, ich sollte mich nicht so anstellen.

Auch Lisa hüpft in ihrem Glas, dass mir das Wasser aus der Tasche spritzt. Sie wünscht sich, in den Teich vor dem Haus der Beckers zu springen, um sich nach der langen Reise etwas auszutoben. Und ich tue ihr den Gefallen. Sie hatte gut lachen, ihr Job war ja schon erledigt.

Ich verabschiedete mich von den Blumen und ging direkt in das Zimmer von Markus. Er saß an seinem Schreibtisch bei den Schularbeiten.

Ich spürte sofort seine Traurigkeit, und dass seine Gedanken ganz woanders waren. Seine Mutter hatte gerade mit ihm gesprochen. Sie erzählte ihm, dass der Arzt bei der Oma war und er meinte, dass sie in den nächsten Stunden sterben würde. Aber wie schön es doch wäre, dass sie nach den vielen Krankenhausaufenthalten der letzten Monate Zuhause sterben dürfte; das hätte sie sich sehr gewünscht.

Dabei hat die Mami selbst sehr geweint, und ihn dann ganz fest in den Arm genommen. Dann fragte sie Markus, ob er die Omi noch mal sehen wollte, und dass es die Oma bestimmt freuen würde. Das hatte Markus sehr gehofft, denn die letzten Tage durfte er nicht mehr zur Oma, weil sie so erschöpft war und immer schlief. Aber gleichzeitig hatte er auch große Angst, und so grübelte er, was er machen sollte. Aber schließlich gab er sich einen Ruck und ging in das Zimmer der Oma. Die war wach und lächelte, als er an das Bett trat. Markus erschrak etwas, denn die Oma sah so klein und eingefallen aus. Er hatte sie noch ganz anders in Erinnerung.

Die Omi lächelte noch mehr, als wenn sie die Gedanken von Markus erraten hätte. Sie nahm seine Hand und streichelte sie. Das war zuviel für Markus. Er fiel in ihre Arme und weinte hemmungslos. Keiner von beiden konnte reden, und so lag er nur in ihren Armen, während sie seinen Kopf streichelte. Seine Mutter kam dazu und hielt still die andere Hand der Oma. Nach einer ganzen Weile beruhigte sich Markus, und er spürte, dass er gehen wollte. Die Omi hatte schon wieder die Augen geschlossen, sie sah sehr müde aus. Als Markus aus dem Zimmer ging, winkte ihm die Oma nach. Erst jetzt merkte er, dass der ganze Raum nach Blumen duftete, obwohl nur ein kleiner Strauß mit Tulpen auf dem Tisch an dem Bett stand. Das verwunderte ihn.

In der folgenden Nacht starb die Oma.

Seine Mutter weckte ihn spät am nächsten Morgen und setzte sich zu ihm ans Bett. Ihre Augen waren vom Weinen rot geschwollen, aber sie war ganz ruhig und liebevoll. Sie sagte ihm, dass die Omi in der letzten Nacht gestorben war, und dass sie darüber sehr traurig ist. Aber sie glaubt, dass es der Seele sehr gut geht, und dass die Omi glücklich sei.

Bis zum Nachmittag dürfe er, wenn er wolle, in das Zimmer der Oma gehen. „Du brauchst keine Angst zu haben", sagte die Mutter. „Die Omi liegt wunderschön und friedlich in ihrem Bett, und es ist, als wenn sie schläft. Aber überleg, ob du das wirklich möchtest, und wenn du willst, begleite ich dich gerne dabei."

Dann erklärte sie Markus, dass am Nachmittag zwei Männer mit einem Sarg kommen werden, den sie und Papa ausgesucht hatten, und dass der Körper von Omi darin auf Seidendecken liegen wird und für immer schlafen kann.

„In einigen Tagen", sagte sie, „ist dann die Beerdigung". Sie erzählte ihm, dass einige Menschen den Körper ihrer verstorbenen Angehörigen verbrennen lassen. Dann wird nur die Asche in einem Gefäß, das man Urne nennt, begraben.

Sie meinte aber, dass die Omi die Erde und die Blumen so sehr liebte, und das es ihr Wunsch war, ganz in die Erde gelegt zu werden.

Während die Mutter mit ihm sprach, hob sie sanft den Kopf von Markus, der mit den Tränen kämpfte. Sie schaute ihm ganz fest in die Augen und lächelte: „Stell dir das vor wie mit den Blumenzwiebeln, die du so oft mit Omi gepflanzt hast. Der Körper ist die Zwiebel unter der Erde und die Seele wächst als wunderschöne Blüte in den Himmel." Diese Vorstellung gefiel Markus, und er fand das alles gar nicht mehr so schrecklich.

Die Mama gab ihm einen Kuss und meinte dann noch, dass es heute besser wäre, wenn er nicht in die Schule ginge und dass sie in der Nähe wäre, wenn er sie brauchen sollte. Markus blieb noch eine ganze Weile im Bett liegen.

Die Omi war tot ! Das konnte er irgendwie gar nicht begreifen.

Schließlich zog er sich an, ging im Badezimmer mit dem Waschlappen kurz über sein Gesicht und verließ leise durch die Gartentür das Haus. Er wollte allein sein. Ohne nachzudenken ging er zum Wäldchen, das am Ende der Straße begann. Dort war auch ein kleiner See, umgeben von schönen alten Bäumen.

Hier an einer alten Eiche war sein Lieblingsplatz. Immer wenn er Probleme hatte oder wenn er nachdenken wollte, saß er hier und schaute auf das Wasser. Irgendwie machte es ihn heute noch stolzer, dass dieser Platz noch da war, weil seine Omi dafür gekämpft hatte. Eigentlich sollte diese Gegend auch Bauland werden, dann wären die schönen Bäume gefällt worden, und man hätte dort auch noch Häuser gebaut. Das empörte die Oma sehr. Markus erinnerte sich, dass sie damals ständig mit irgendwelchen wichtigen Leuten und Ämtern telefonierte. Danach lächelte sie meistens verschmitzt und meinte zu Markus:

„An mir alten Schachtel kommen die nicht vorbei !" Und sie hatte Recht. Das Wäldchen wurde zum Naturschutzgebiet erklärt, und die Feuerwehr legte sogar diesen schönen See an, an dem Markus jetzt saß.

Als er über all das nachdachte, wurde ihm bewusst, dass jetzt, wo die Oma tot war, dieser Platz doppelt so kostbar für ihn werden würde. Auf dem Nachhauseweg wurde ihm klar, dass er die Oma noch mal sehen wollte, und er beschloss, alleine zu ihr zu gehen.

Wie gestern, als sie noch lebte, ging er langsam an die offene Tür ihres Zimmers. Die Mutter hatte viele brennende Kerzen aufgestellt, und das Fenster war weit geöffnet. Markus war froh über die Sonne, die hell und klar ins Zimmer schien. Mit klopfendem Herzen ging er an das Bett der Oma.

Tatsächlich, sie sah wirklich ganz friedlich aus. Sie lächelte sogar. Aber sie sah doch anders aus als sonst. Irgendwie erinnerte sie ihn an die Puppen aus Wachs, die er im letzten Urlaub mit seinem Vater in London in einem Museum gesehen hatte. Ja genau, sie sah aus wie eine Hülle. Ob das wohl daran lag, dass die Seele aus dem Körper der Omi rausgeflogen war? Dann musste Markus lachen.

Ihm fiel auf, dass seine Mutter der Oma den verrückten grünen Hut aufgesetzt hatte. Der war weder rund noch eckig, aber riesengroß. Diesen Hut hatten sie gemeinsam bei einem Ausflug auf dem Flohmarkt gekauft. Es war ein toller Tag mit viel Spaß gewesen. Die Omi liebte diesen Hut, und sie trug ihn vor ihrer Krankheit ständig.

Schlagartig wurde Markus bewusst, dass die Omi, die hier tot vor ihm lag,

nie wieder auf der Straße stehen und wild mit dem Hut zur Begrüßung winken würde, wenn er von der Schule kam.

Die lange unterdrückten Tränen rollten ihm bei diesem Gedanken über die Wangen. Gleichzeitig bekam er Angst vor seinem eigenen Mut. Erleichtert stellte er fest, dass seine Eltern in das Zimmer traten. Nun standen sie zu dritt am Bett der Oma, und die Mama sprach leise ein Gebet.

Die nächsten Tage verbrachte Markus wie im Traum, und so ähnlich war es auch. Nachts, während er schlief, öffnete ich mit meinem Schlüssel das Tor der oberen Welten und ließ ihn, ohne dass er es am nächsten Morgen noch wusste, dort hineinschauen. Das tat ihm sehr gut und half ,seinen Schmerz und die Traurigkeit zu lindern.

Das Leben von meinen Freunden und mir war in den letzten drei Tagen genauso ruhig wie bei Markus und seiner Mutter. Lisa war immer noch im Teich des Gartens. Schlingel nutzte die meiste Zeit des Tages, um mit den Blumen und Vögeln zu singen. Sie hatte richtig Ehrgeiz entwickelt, das Säuseln ihrer Stimme zu verschönern. Robert war äußerst griesgrämig, hier gab es diesmal nichts zu zwacken, und ihm war furchtbar langweilig. Meistens hatte ich darunter zu leiden, weil er so missmutig in meiner Tasche seinen Stachel öfter als sonst putzte, und das nicht gerade umsichtig.

Ich hatte schon ganz blaue Flecken an meinen Knochen, und erst als ich ihm damit drohte, ihn in den Fischteich zu Lisa zu setzen, wurde er vorsichtiger. Denn obwohl Lisa vorwiegend in meiner anderen Tasche sitzt, graut es Robert vor der verständnisvollen Fischdame. Lisa hat ja keine Vorstellung, wie das Leben wirklich ist. Immer blubbert sie davon, dass alles Eins ist. „Nee", meinte er frech, „da fällt mir ja vor Langweile der Schwanz ab."

Für die Bemerkung gab ich ihm einen auf den Dätz. Außerdem rieb ich Robert unter die Nase, dass er doch nur sauer sei, weil er Lisa noch nie mit seinem Stachel zwacken konnte. Daraufhin war er beleidigt und gab Ruhe.


Markus Mutter hatte sich Urlaub genommen, und so hatte sie trotz der Beerdigungsvorbereitungen häufig Zeit, mit Markus spazieren zu gehen. Oft begleitete sie auch der Vater, das machte Markus sehr glücklich.

Irgendwie hatte er sowieso das Gefühl, dass seine Eltern wieder sehr lieb miteinander waren. Und der Papa guckte eindeutig verliebt, fand Markus. Er wagte gar nicht zu hoffen, was das bedeuten könnte. Jedenfalls genoss er es, mit ihnen Hand in Hand spazieren zu gehen, und sie trösteten sich gegenseitig.

## — Am morgigen Tag war die Beerdigung —

Am Abend kam die Mutter wie immer an sein Bett, um ihm „Gute Nacht" zu sagen. Liebevoll streichelte sie über seinen Kopf und fragte ihn, ob er Angst hätte vor der Beerdigung. Tapfer schüttelte Markus den Kopf, aber er kuschelte sich noch etwas tiefer in die Arme seiner Mutter.

Letztes Jahr im Herbst war die Tante Klara aus der Nachbarschaft verstorben, und da hatte Markus schon mal eine Beerdigung erlebt. Er wusste, dass der Sarg mit der Omi in der Kirche stehen wird und der Priester etwas aus dem Leben der Omi erzählt.

Von allen begleitet wird der Sarg von der Kirche zu einer Stelle auf dem Friedhof getragen. Dort ist schon ein großes Loch in die Erde gegraben.

Der Priester wird noch ein Gebet sprechen, und ganz langsam lässt man den Sarg dann in die Erde.

Jeder darf am offenen Grab stehen bleiben und Blumen hineinwerfen. Mit einer kleinen Schaufel streut man dann etwas Erde auf den Sarg. Später würde man die Grube zuschaufeln und alle Kränze und Blumen darauf legen, die Verwandte, Freunde und Nachbarn mitgebracht hatten.

Alles das wusste Markus, und bei der Tante Klara hatte ihm das auch nicht soviel ausgemacht. Aber morgen ging es um seine Omi ! Er gestand wenigstens sich selbst ein, dass er Angst hatte.

Seine Mutter sagte, dass sie danach in das schöne Cafe am Wäldchen gehen, das wäre bestimmt im Sinne der Oma. Der Gedanke erfreute Markus.

Er erinnerte sich an die vielen Male, an denen er mit sener Oma dort gesessen hatte und wie sie Wettkämpfe im Tortenessen ausgetragen hatten.

Markus hatte meistens gewonnen. Oft hat die Omi ihn nach dem Spazieren-gehen dorthin auf eine heiße Schokolade oder ein Eis eingeladen. Dann bewun-derten sie immer gemeinsam die vielen alten Möbel im Cafe, und die Oma liebte es, mit dem netten Kellner zu scherzen.

Noch während er daran dachte, gab ihm die Mutter einen liebevollen Kuss und ging. Markus schlief mit dem traurigen Gefühl ein, nie wieder mit der Omi in diesem Cafe sitzen zu können. Er spürte, dass der kleine runde Tisch am Fen-ster, wo sie immer gemeinsam gesessen hatten, eine neue tiefe Bedeutung für ihn haben würde.

Meine Freunde und ich hatten nur darauf gelauert, dass Markus in den Schlaf fiel, denn ich hatte eine schöne Überraschung für ihn. In meiner Tasche lag noch eine Perle. Jasmin hatte sie uns mit einem süßen Augenzwinkern zum Abschied mitgegeben.

Es ist eine besonders wertvolle Perle, denn sie kommt aus den geheimen Quellen der Engel. In ihr war nämlich eine Erinnerung aus der Zukunft, des kleinen Markus. Ich freute mich sehr, diese Kostbarkeit für ihn zu haben. Es ist nämlich eine ausgesprochen schöne Erinnerung und sehr hilfreich, wenn ich sie ihm jetzt in einem Traum schenken darf.

Seine Augen bewegten sich im Schlaf schnell hin und her, und so wusste ich, dass es für ihn schon begonnen hatte.

Markus träumte, dass er einen steilen Berg hinaufwanderte. Es war sehr anstrengend, aber oben angekommen ging er durch ein großes Tor und kam in eine zauberhafte Parklandschaft. Viele Dinge waren so, wie er es sich mit seiner Oma immer ausgemalt hatte.
Durch den größten Teil des Parks konnte man nur zu Fuß gehen. Rechts und links des Weges war üppiges Dickicht, in dem viele Tiere lebten.
Überall waren kleine Inseln von blühenden Blumen. Schöne und interessante Kunstwerke standen im ganzen Park verteilt.
Auf einem großen See schwammen Enten, und sogar ein Pfauenpaar stolzierte am Wasser entlang. Am Ende des Parks konnte man mit dem Auto auf einen Parkplatz fahren. Viele hübsche kleine Geschäfte waren in einem Rondell angeordnet, sodass noch ein Innenhof entstanden war. Dort waren in der Mitte ein großer Springbrunnen und ganz viele duftende Rosen. Es gab ein schönes Cafe und sogar ein kleines Museum. Das Cafe hatte zu beiden Seiten draußen Sitzplätze, sodass man zur Parkseite oder in dem schönen Innenhof am Brunnen sitzen konnte.
Mit staunenden Augen ging Markus durch dieses Park-Einkaufszentrum.
Nur merkwürdig, er sah schon so erwachsen aus, und irgendwie wusste er, dass er der Schöpfer dieses Ganzen war.
Er hatte alles geplant und gezeichnet, und viele Menschen hatten es dann mit ihm gemeinsam gebaut.
Er war selbst erstaunt über soviel Schönheit.

Markus beobachtete im Traum gerade, wie der Pfau am See ein wunderschönes Rad schlug, als plötzlich dahinter seine Großmutter stand. Sie sah sehr jung aus und trug ihren komischen Hut. Den nahm sie dann ab und winkte damit zu Markus herüber. Ihr Lachen war zu hören, es war frei und glücklich. Sie warf ihm Kusshände zu und verschwand genauso plötzlich, wie sie dagestanden hatte.

Danach setzte sich Markus auf eine Bank und spürte im Traum, wie ihn die Sonne in der Nase kitzelte. Er fühlte sich sehr glücklich.

An dieser Stelle endete der Traum, und ich nahm Schlingel zurück an meinen Arm. Sie hatte Markus geküsst, und ich wusste, dass unsere Aufgabe beendet war.

Markus schlief ruhig weiter, während wir uns für die Heimreise fertig machten. Robert quengelte zwar rum, dass wir doch noch an der Beerdigung teilnehmen sollten. Er vermutete zu Recht, das er dort so manches Opfer fände, das sein Zwacken gut gebrauchen könnte. Trotzdem wollte ich ihm diesen Gefallen nicht tun. Ich tröstete ihn damit, ihm Zuhause eine Kriminalgeschichte zu erzählen. Die liebt er nämlich besonders.

Wir nehmen Abschied.
Lisa war schnell eingepackt und schon befanden wir uns alle mit Raser auf dem Weg durch das All. Auf der Heimfahrt war ich in Gedanken noch ganz bei Markus. Ich freute mich für ihn und das Leben, das noch vor ihm lag. Er würde noch so manches Mal traurig sein und seine Oma vermissen, aber er hatte Hoffnung und eine Aufgabe für die Zukunft.
Ich wusste, dass das Leben noch so manche Hürde für ihn bereit hielt, aber sein Geist war kraftvoll, und er bekam ein schönes Leben geschenkt. Nachdenklich wurde mir bewusst, dass dieses ein großes Geschenk war, das nicht jeder bekommen durfte.

Traurig und voller Mitgefühl dachte ich an die vielen Lebewesen, denen unser Sein mehr als grausam und unverständlich erscheinen muss. Ja, da war häufig nur die Zeit, die Trost schenken konnte und das Verständnis für den gesponnenen Lebensfaden. Ein Menschenleben reicht häufig nicht aus, um das Wirken des Lebens zu verstehen.

Während ich mich so ganz in meinen traurigen Gedanken verfangen hatte, zwackte mich Robert kräftig, und mit einem Lachen schüttelte ich die schweren Gedanken von mir ab.
Ich ließ einfach die Freude und Dankbarkeit in mein Herz fließen über das Leben und die Schönheit, die in allem wohnt, wenn man es sehen kann. Raser flitzte noch ein bisschen schneller, so dass meine Frackzipfel senkrecht in der Luft standen, und mein Stern auf der Brust fing an, Blitze zu schlagen, die alles in sprühendes Licht tauchten. Das hatte ich schon einmal erlebt, und wie beim ersten Mal hörte ich dann das Universum singen.
Jasmin meint zwar, das Singen des Universums können nur die Engel hören, aber ich traute mich, zu denken, dass Engel ja vielleicht auch nicht alles wissen und sang voller Freude mit.